应用型本科设计学类专业规划教材

# 色彩归纳写生

陈开科 唐乐尧 编著

厦门大学出版社 国家一级出版社
全国百佳图书出版单位

## 图书在版编目（CIP）数据

色彩归纳写生 / 陈开科，唐乐尧编著. -- 厦门：厦门大学出版社，2018.6（2024.12 重印）

应用型本科设计学类专业规划教材

ISBN 978-7-5615-7011-1

Ⅰ. ①色… Ⅱ. ①陈… ②唐… Ⅲ. ①水粉画-写生画-绘画技法-高等学校-教材 Ⅳ. ①J215

中国版本图书馆CIP数据核字(2018)第122734号

| | |
|---|---|
| 责任编辑 | 郑　丹 |
| 封面设计 | 蒋卓群 |
| 技术编辑 | 许克华 |

出版发行　**厦门大學出版社**

社　　址　厦门市软件园二期望海路39号
邮政编码　361008
总　　机　0592-2181111　0592-2181406（传真）
营销中心　0592-2184458　0592-2181365
网　　址　http://www.xmupress.com
邮　　箱　xmup@xmupress.com
印　　刷　厦门集大印刷有限公司

开本　889 mm×1 194 mm　1/16
印张　4.25
字数　120 千字
版次　2018 年 6 月第 1 版
印次　2024 年 12 月第 3 次印刷
定价　58.00 元

本书如有印装质量问题请直接寄承印厂调换

# 序言

随着应用型本科设计学类专业的不断发展，人们对基础色彩课的性质和内涵进行着不断的探讨。特别是在艺术设计教育领域里，这种探讨就更为突出。在十几年的基础色彩教学中，陈开科对这方面做了一些尝试性的探索，已形成一定的见解，他把课程分为两个阶段实施：具象色彩写生和归纳色彩写生。前一阶段是通过对自然色彩的认识和感受来丰富写生的视觉色彩感知，拓宽色域，提高学生对审美规律的认识；后一阶段是以自然色为依托，以意取象，以艺造象，从而激发学生对艺术本质的探索与创造，锻炼学生驾驭色彩、表达自我的能力。

色彩归纳写生的重要作用是使造型基础训练与专业设计接轨，为绘画通向艺术设计架桥铺路，为学生学习专业设计夯实基础。经常练习色彩归纳写生，不仅对设计专业教师、设计师提高色彩组合能力、拓展色彩领域、丰富色彩语汇有好处，而且对画家在油画、国画、版画、水粉画、水彩画的创作过程中提高色彩概括能力、把握画面色彩倾向和主要色块构成也很有帮助。

陈开科多年来对漆画、油画创作进行了深入的研究，对设计色彩的教学进行了不断的探索、实践、改革，已经形成独具特色的课程体系。在这部教材中，作者对学生在写生过程中如何进行色彩归纳做了系统的阐述，简洁实用。一方面保证在教学中对设计色彩基本理论和技能技法的传授，另一方面也注重开发学生的思维能力和创新意识，值得推荐。

福建农林大学艺术学院副教授　刘可人

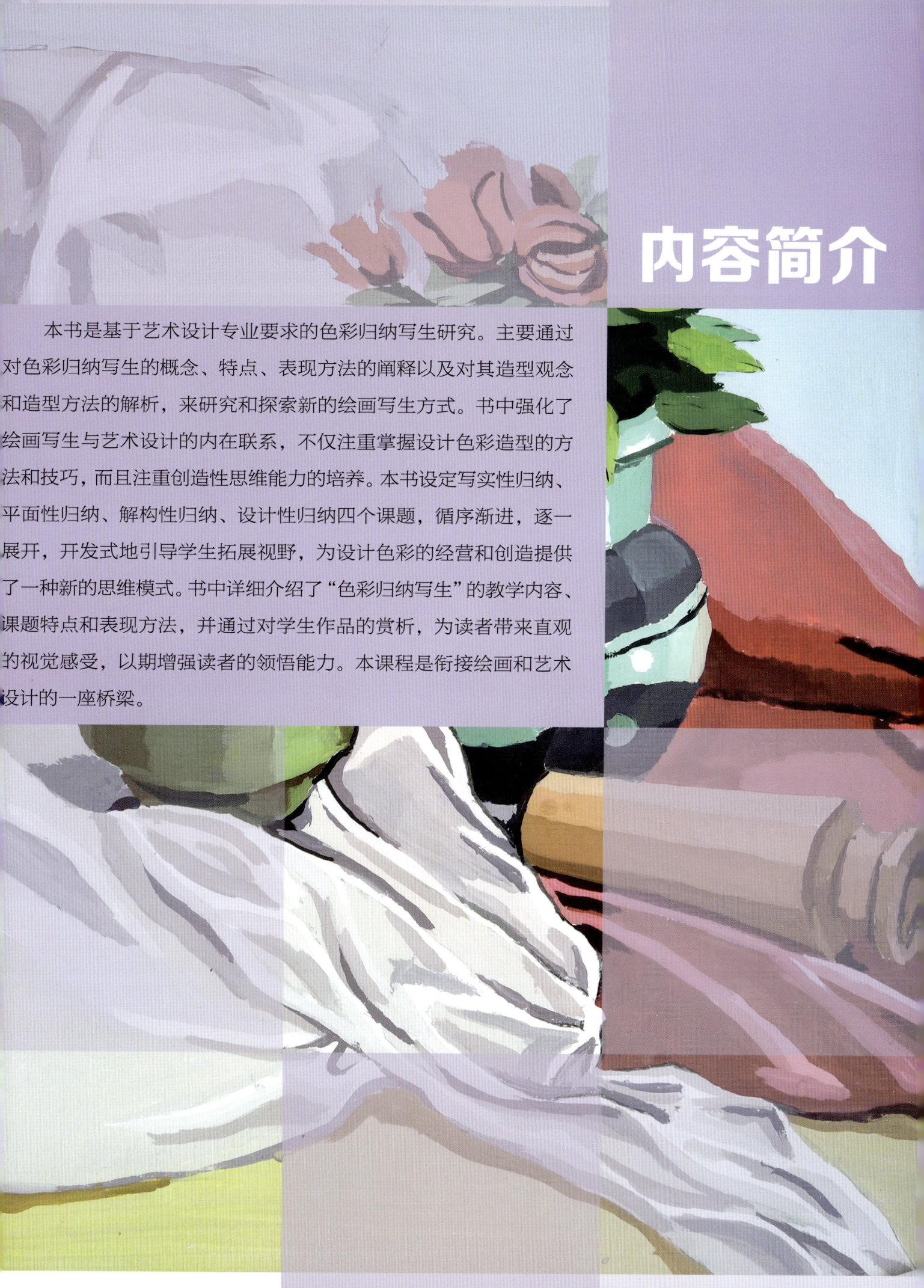

## 内容简介

本书是基于艺术设计专业要求的色彩归纳写生研究。主要通过对色彩归纳写生的概念、特点、表现方法的阐释以及对其造型观念和造型方法的解析，来研究和探索新的绘画写生方式。书中强化了绘画写生与艺术设计的内在联系，不仅注重掌握设计色彩造型的方法和技巧，而且注重创造性思维能力的培养。本书设定写实性归纳、平面性归纳、解构性归纳、设计性归纳四个课题，循序渐进，逐一展开，开发式地引导学生拓展视野，为设计色彩的经营和创造提供了一种新的思维模式。书中详细介绍了"色彩归纳写生"的教学内容、课题特点和表现方法，并通过对学生作品的赏析，为读者带来直观的视觉感受，以期增强读者的领悟能力。本课程是衔接绘画和艺术设计的一座桥梁。

# 目录 Catalogue

## 01 色彩归纳写生概述

1. 色彩归纳写生的概念 /02
2. 色彩归纳写生与设计的关系 /02

## 03 色彩归纳写生造型的表现特征

1. 化冗繁为简洁 /04
2. 化繁杂为条理 /04
3. 化如实为夸张 /04
4. 化立体为平面 /04

## 05 写实性归纳

1. 写实性归纳的概念 /06
2. 写实性归纳的特点 /06
3. 写实性归纳的表现方法 /06
4. 作品欣赏 /07

## 17 平面性归纳

1. 平面性归纳的概念 /18
2. 平面性归纳的特点 /18
3. 平面性归纳的表现方法 /18
4. 作品欣赏 /19

## 33 解构性归纳

1. 解构性归纳的概念 /34

# 目录 Catalogue

2. 解构性归纳的特点 /34

3. 解构性归纳的表现方法 /34

4. 作品欣赏 /35

**47** | **设计性归纳**

1. 设计性归纳的概念 /48

2. 设计性归纳的特点 /48

3. 设计性归纳的表现方法 /49

4. 作品欣赏 /49

色彩归纳写生

# 色彩归纳写生概述

## 1  色彩归纳写生的概念

色彩归纳写生是衔接绘画和艺术设计的一座桥梁。它通过研究和探讨新的绘画写生方式，建立绘画写生与艺术设计之间的关系，在观察方法、思维方式以及表现形式上均构成独自的指向。比较而言，一般的绘画性写生较多采用写实的方法，以准确表达对象的客观存在状态为目标。色彩归纳写生则是在面对客观物象的感性基点上，强化了主观表现和理性的设计意念，它不以描绘对象的客观存在状态为目的，而是以设计的造型需要和思维发展为取向，其训练目的在于为艺术设计服务。

## 2  色彩归纳写生与设计的关系

色彩归纳写生是以专业发展为取向的，其训练目的是直接为艺术设计服务。艺术设计中的造型深受功能、对象以及材料工艺的制约，这种制约导致造型与其用途、生产、经济性等有着不可分割的依赖关系。因此可以说，归纳本身即一种在材料工艺条件限制下产生的有效方法。

在工艺生产中，归纳手法是遵循生产条件而设置的。例如，材料供应性较强的陶画、漆画、刺绣、织物壁挂、印花织花、木刻、拼贴、镶嵌等，都体现了表现形式中的这种依赖性、适合性或被限定性。

在色彩归纳写生中，虽然没有工艺的直接束缚和制约，但归纳的方法无疑可体现出工艺的特性。而抛开工艺看，它又是一种明快的表现方法，呈现出悦目性、怡情性和一种雅俗共赏的美。

作为获取装饰造型能力的色彩归纳写生训练，它已不仅仅是写实性色彩造型到装饰性色彩造型的简单过渡，更重要的是在绘画与艺术设计之间架起了一座桥梁，为有功能性要求的艺术设计提供在造型的观念、方法、技能、形成风格和创意设计等方面的重要方法。

色彩归纳写生

# 色彩归纳写生造型的表现特征

造型是画面形成的重要因素，它决定了作品的风格特征。在色彩归纳写生的过程中，造型问题其实就是画面构成的问题，根据画面需要可以把客观对象化冗繁为简洁，化繁杂为条理，化如实为夸张，化立体为平面。

### 1 化冗繁为简洁

自然形象具有形、色丰富而繁杂的一面，形体具有体积感和空间特征，色彩上存在固有色、光源色、环境色等因素。色彩归纳摈弃写实性表现因素，将繁杂的形、色关系通过概括、提炼、归类等删繁就简过程，并结合艺术形式语言的运用和表现，使之成为平面化且具有装饰特征的艺术形象。

化繁为简是色彩归纳的必要手段和必然结果，"简"不是简单，而是艺术中"以少胜多"常用的减法，这种减法难能可贵。

### 2 化繁杂为条理

客观的自然物象存在着杂乱无序的特点，归纳写生注重把自然中杂乱无章、散乱无序的东西归理成章，予以条理化和秩序化。在关注画面构成单位的基础上，通过概括、梳理使客观物象达到画面的秩序化和条理化，这既体现了归纳色彩的技术要求，也从内涵上体现出一定的艺术原理，只有伴随对形式语言和风格的追求，才能得以准确把握。

### 3 化如实为夸张

色彩归纳写生摆脱了对自然物象的传真、摹写，采取平面的手法将自然形象转化成艺术形象，夸张是实现这一目标的常用方法。夸张能强化主题，突出形、色特征，增强艺术感染力。色彩归纳的表现离不开对夸张手法的运用，然而只有结合画面追求的特点需要，才能使夸张具有真正的意义，才能达到理想的效果。

变形、变色是夸张的主要表现方式，也是获取画面形式意味的重要因素。通过变形、变色组织画面是摆脱客观的真实感、实现装饰效果的主要途径。

### 4 化立体为平面

平面效果是装饰色彩风格的主要特征。它所具有的朴实无华和单纯、舒展的装饰美感是装饰色彩所独具的审美风格。色彩归纳是通过归纳的手法将三维的自然形、色转变成二维的装饰画面。因此，平面化是色彩归纳写生表现的主要特征和研究目标。

装饰性色彩无论从观察方式、思维方式还是表现方式上都与写实色彩有着截然不同的造型理念。学习色彩归纳必须首先转换思维，从对客观写实的依恋中解脱出来，转入对平面性色彩的感悟和方法的学习。其次，在改变客观真实性时，将色彩归纳导入对艺术形式和本质深层次的认识和研究必然带来艺术形式和风格的个性化和多样化。

色彩归纳写生

# 写实性归纳

一般的写实性色彩是以反映自然光色现象为主旨的。它是光源色、固有色和环境色现象的真实写照，带有较强的客观性，即尽量感受丰富的色彩关系和微妙的色彩变化并加以表现。

写实性归纳是在不违反光色关系的前提下，对物象的明暗和色彩关系加以概括、提炼，在形式上遵循客观原型的基本状态，对复杂细微的色彩关系、明暗关系做减法，使画面具有一定的立体感或客观色光的效果。其表现特征是将三维立体的客观物象表现出二维平面的画面效果。色彩在感受的基础上更注重理性的处理和对固有色的关注。以简约的色彩创造出富有形式意味的装饰效果，是归纳色彩的目标。

## 1 写实性归纳的概念

写实性归纳是介于写实性绘画与平面性归纳两者之间的一种过渡的表现形式，其有两个方面的特征。一是写实性归纳既遵循了写实色彩的客观性，又增强了其对物象的概括，表现上更注重理性处理，是两种造型理念上转换的有效过渡方式，起到承前启后的作用。二是写实性归纳所形成的画面风格既有客观的具象特点，又有别具一格的装饰效果，其视觉样式本身就具有较强的审美特征和独立存在的艺术价值。因此，在装饰绘画和现代绘画以及在现代各种设计中，这种形式常被使用。

## 2 写实性归纳的特点

（1）写实性归纳是建立在一般色彩写生基础之上的对新的写生方式的一种探索，通过概括和梳理使客观物象得以化冗繁为简洁、秩序化、条理化的处理过程，突出构成美的因素，又有三维具象特征。

（2）写实性归纳在一定程度上摆脱了对客观物象的依赖，强化了主观表现和理性的设计意识，让学生以设计专业的造型需要和思维发展为取向，运用不同的表现技法，带来不同的感受，使作品也形成了不同的风格。

## 3 写实性归纳的表现方法

（1）块面表现法：在保持客观物象的立体感、光感、空间感的基础上，通过概括、整合、提纯和弱化进行有限度的归纳，并采取平涂的手法进行平面化的处理，形成色阶的变化，效果如块面状。块面表现的"块"是指具有立体感的整体；而"面"是指局部性的转折面，一个面都是经过形、色归纳后才显出典型色彩的特征。因此，色块也随形体的转变、推移而形成色阶。

在块面表现中，运用不同的表现技法会产生不同的画面效果：

① 叠加法：这是逐层表现的方法。画的过程中一层一层叠加地表现，首先铺大面块的基本色，再压第二套色，逐层叠加，使画面产生各种大小、形状、色彩不同的块面，让画面丰富起来。

② 拼接法：这是一次性表现法，即通过概括、整合归纳的块面区域加以界定后，再逐一平涂填色。拼接法是采取整体把握、局部完成的方法。因此，作画者要对物体心中有数，意在画先。

（2）点、线、面表现法：点、线都是造型的基本要素。点和线单独使用，并以限色为基本原则，在制作中要精心编排，步骤清晰。

① 点法：点的组合可以表现光影，表现明暗丰富细腻的形、色关系。归纳法是以点绘的形式，通过限色实现的。用预先设定的几种颜色分别加以点绘。点的大小、位置、疏密都是变化的因素，都会影响画面的效果。绘画中可采取单色来表现，也可以通过点的空间混合达到预想的色彩效果。

② 线法：线的作用不仅表现了形的外部特点，也可以通过疏密、粗细不同的线组合成不同明度、不同色相的色面，以达到表现形、色关系的效果，产生独特的画面风格。通过不同长短、不同形状、不同方向变化的线的组合可以创造出不同的效果。

③ 点、线、面综合运用：点有细腻感，线有方向性，面有概括性。点、线、面的综合运用可以使画面的表现语言更为丰富。采用有限的色彩不仅可以表现出丰富的效果，也可以塑造出不同风格的画面。

## 4 作品欣赏

图 3-1 ▲

画面中每个形体分割的色、形都很讲究，打稿时继续延用光影效果，通过对投影的亮色处理来产生新的画面，物体和影子突出强烈的虚实对比。物体画面块面分割全部用弧线来处理。这幅作品思路清晰，方法得当，色彩明暗关系表现到位，反映了作者良好的造型功底。

学生：刘少剑　指导老师：陈开科

图 3-2 ◀

这是一幅写实性归纳的画面，遵循着一般色彩写生的基本原理，采取减法。即通过减化，突出本质，删除多余，使冗繁的实景得到修饰、理顺和艺术加工，强化形象的整体感。

学生：曹佳敏　指导老师：陈开科

图 3-4 ▼

该作品发挥出线的造型作用，线既是对形式的界定，又对画面起到骨架的作用。不同的线也会形成不同的画面风格。这幅以线表现的画面，色彩分明，层次感强。红、黄、蓝、绿、白的配置合理。

学生：陈坤其　指导老师：陈开科

图 3-3 ▲

该作品的形象描绘仍然忠实于实物的基本面貌。保持立体的空间状态，每个物象的体形特征以及形与形之间的空间关系都按照实际的自然序列来塑造。

学生：陈文辉　指导老师：陈开科

◀ 图 3-5

作为造型的表现要素，点的作用和线一样，有着较强的艺术表现力，印象派的修拉与西涅克就是运用点绘创造画面的高手，其艺术派别称为点彩派。同时，在版画、广告插图和黑白画中也可见到不同艺术风格的点绘作品。此幅作品就是利用深浅、颜色不同的点表达出画面的层次感和立体效果。

学生：胡美芳　指导老师：陈开科

图 3-6 ▲

该作品应用归纳法进行具象表现，结合大块面的表现形成的分色效果。色彩的变化处理得干净、明确、到位。轮廓线的运用增强了画面的形式效果。

学生：叶晓娟　指导老师：陈开科

◀ 图 3-7

分阶法是概括、提炼色彩最常用的方法。即对每一个单体的物象首先确定亮、灰、暗面等区阶的明暗或色彩。此幅作品部分物象的色彩描绘就是运用分阶法，增强了色彩的表现力和感染力。

学生：林先鸿　指导老师：陈开科

◀图 3-8

该作品从一般绘画写生过渡到色彩归纳写生的前奏和序曲，具有一定的装饰性，又不失自然秩序，保持着一般绘画写生的艺术表现力；具有一定的写实性造型能力，画面发挥了线的造型作用，但背景的那些线条过于整齐且太粗，影响了画面的整体效果。

学生：张梦男　指导老师：陈开科

图 3-9 ▶

这幅作品的画面并未达到最佳的描绘效果，但作者在构图上有意夸大花的比例，使得主题突出，又运用色阶法提炼出复杂的色彩层次，使整幅作品色调雅致、清新，给人以干净、明快之感。

学生：林西西　指导老师：陈开科

◀图 3-10

这是一幅写实性归纳的作品，画面构图饱满，运用色阶法概括、提炼，静物和衬布的颜色形成对比，都在大面积暖灰的颜色下得到了协调，从而形成形色俱佳、情理相融的艺术画面。

学生：陈燕彬　指导老师：陈开科

◀ 图 3-11

　　这幅作品的画面并未使用最佳的描绘角度，但作者在构图上对物象予以了有序的经营。画面突出了对衬布的描绘，思路清晰，方法得当，色彩表现到位，效果细腻生动。

　　　　　　　学生：吴桂彬　指导老师：陈开科

图 3-12 ▶

　　在此作品中，作者发挥了线的造型作用（线既是对形式的界定，又在画面中起到了骨架的作用）。画面利用流畅的曲线条来表现衬布，大面积的绿、锌白与少部分的红、蓝形成对比，都体现了作者对艺术语言的把握能力。

　　　　　　　学生：李学泳　指导老师：陈开科

◀ 图 3-13

　　这是写实归纳写生中比较优秀的作品之一。画面体现了作者扎实的写实功底和对课题的准确把握。画面中构图的主次、聚散、位置、方向都有绘画写生的特点。每个部分的色彩都有相互的独立性、自身的变化和相互联系性。大块的分色和笔法的塑造都很娴熟到位。

　　　　　　　学生：李晓辉　指导老师：陈开科

◀图 3-14

整个画面清澈、明亮，画面中每个形象都体现出色彩相对的个性。颜色调得很漂亮，中心的亮黄色比较突出，主导了画面的色彩，并和暗紫色的瓶子形成对比。红色与绿色两边支撑，并没有感觉突兀。背景用大面积浅蓝色与前面实物形成一个虚实的对比，前实后虚。

学生：廖剑辉　指导老师：陈开科

图 3-15 ▶

这是一幅灰亮调的写实性归纳作品。在尊重客观对象的基础上进行了色彩整理。画面的结构、形体、空间、色彩等关系秩序化，呈现出整体、单纯的效果。从画面中可以看到从写实色彩向归纳色彩的转变。

学生：谭文斌　指导老师：陈开科

◀图 3-16

在画面的形式追求中，作者运用了叠加的表现手法来表现绿色的衬布及后面的格子衬布，复杂的色彩层次提炼、简化、归纳，使前后两块衬布形成对比。轻松自如的表现技法，表明作者具有扎实的写实功底

学生：翁玫芳　指导老师：陈开科

图 3-17 ▲

作品以蓝色衬布作为画面后部的中心，通过与灰色背景，黄色、白色衬布形成对比，使画面结构合理、层次清晰；暖色的物象放在冷色的衬布上与之形成对比，强化了色彩的对比效果，使作品简洁有力，形象更鲜明、突出。

学生：张圆圆　指导老师：陈开科

◀图 3-18

画面构图疏密得当。色块之间的明度、色相和肌理的对比，形成亮丽明朗的画面效果。粗犷的色线勾勒使形象变得有力而醒目。

学生：翁清琴　指导老师：陈开科

图 3-19 ▶

这是一幅写实性归纳写生的作品。在这幅作品里，作者很好地利用衬布的特性给人以柔美的视觉效果。画面的层次空间和立体效果相当突出，表现出作者扎实的写实功力，但三个静物罐子的角度如果能有所调整，画面将更加完美。

学生：曾沈馨　指导老师：陈开科

◀图 3-20

　　这幅作品的构图表现出写实性绘画的特征,即画面强调焦点透视、立体空间感及各单元形象的经营,均依照自然物象客观存在的状态来进行组合、安排。画面给人以真实感。

　　　　　　　　　学生:陈鲜红　指导老师:陈开科

图 3-21 ▶

　　这幅作品很好地表现出客观存在的三维立体空间状态的具象,在画面中追求形态的严谨准确,空间的进深虚实,造型给人一种真实感。作品对物象的明暗和色彩关系加以概括、提炼,使画面具有一定的装饰性。

　　　　　　　　　学生:黄紫薇　指导老师:陈开科

◀图 3-22

　　作者在作品表现中遵循客观原形的基本状态,对复杂细微的色彩关系、明暗关系做减法,使画面具有很强的立体感和客观色效果。

　　　　　　　　　学生:林丹阳　指导老师:陈开科

写实性归纳 | 15

◀ 图 3-23

　　该作品在依照对象进行塑造时，不是一般意义上的看到什么画什么，而是在形态丰富的层次中采取减法。通过简化，集中本质，删除多余。在构色时采用了限色法和分阶法。

　　　　　　　　　　　学生：林芳　指导老师：陈开科

图 3-24 ▶

　　这幅作品运用了归纳法进行具象表现，没有机械地照抄和模仿自然色彩，而是在准确把握其色彩关系的前提下，用有限的颜色表达出了丰富的色彩变化。作画时采用了分阶法、限色法，使形象主体更突出、更集中，色彩的表现力和感染力非常突出。

　　　　　　　　　　学生：林俊儒　指导老师：陈开科

◀ 图 3-25

　　这幅作品在遵从客观对象形态特征的基础上，采用减法，对写实的形态予以细节和层次上的剪裁、取舍，通过简化，集中本质，删除多余，在形象上产生一种单纯、整体的美感。

　　　　　　　　学生：姜莹　指导老师：陈开科

色彩归纳写生

# 平面性归纳

平面性归纳是建立在写实性归纳课题基础上的训练内容，是更具有装饰语言和装饰特征的一种表现形式。平面性归纳简而言之，是以平涂的手法追求具有平面性的艺术形式和装饰效果，是一种常见的表现风格。这种风格从传统艺术到现代艺术，从东方艺术到西方艺术，从现代绘画到现代设计，广泛应用，屡见不鲜。其鲜明的装饰效果和简洁的艺术手法为大家所熟悉和喜爱，也使众多的艺术家和设计师不约而同地选择它并加以发展。

### 1 平面性归纳的概念

平面性色彩归纳写生，是在观察方法、思维方式以及表现方法上发生质变，在面对客观物象时，排除光的干扰，不求光影变化，弱化了体积感和色彩，把复杂的立体形态做平面化处理，将层次丰富的色彩做整色提炼，从中领悟平面的整体效果。

平面性归纳是在高度限色中营造出的画面。在色彩上，不求单个物体的客观色彩效果，舍弃其在亮部、暗部、中间部、反光部以及高光部等色彩层次上的变化，通过概括和提炼，把单个物体上丰富的色彩层次做整色处理，以达到理想的效果。

### 2 平面性归纳的特点

（1）变客观物象的立体感为平面感，将其具有的三维的空间关系处理成二维的层次变化，突出画面的平面效果。

（2）色彩中去掉了光源色和条件色的客观色彩因素，侧重固有色或根据客观设定的理想色，并以大面积的平涂手法加以表现。

### 3 平面性归纳的表现方法

（1）平涂表现：这是平面性归纳表现的基本方法。以色彩干净利落、涂平涂匀为特点，运用不同的平涂手法也能产生不同的画面效果。

① 拼接法：先明确形，再一色接一色地画。

② 勾填法：以线、面结合的形式表现，以线塑形，以色表现面。画时可先勾线后填色，也可先设色后勾线。

③ 重叠法：在构图上使两色部分相交，产生重叠部分，从而形成第三色，或主观对第三色设定，以增加画面的效果。

（2）肌理表现：即以平面化效果为基本规范，运用不同的笔法创造不同的画面效果，如干蹭、湿染、点、擦等。

（3）其他表现：

①运用某些工具，如油画棒，利用其具有蜡质不着色的特色做底子，再以水粉覆盖产生特殊的效果。

②对印法，利用一定的材料针对具体形涂色，再对贴、压印后，产生一定的效果。

## 4 作品欣赏

图 4-1 ▲

在归纳色彩学习中，画面的形式追求是取得艺术效果的关键。对于好的形式可以借鉴、消化，这也是学习的一种有效方式，而更重要的是学会融会贯通。这幅作品的作者虽然借鉴著名画家毕加索的表现形式，但运用了自己的语言来表达。

学生：刘少剑

指导老师：陈开科

图 4-2 ▲

该作品利用线将物象的结构进行切割，从而形成画面中各种不同形状的区域。然后，作品再按色彩的总体安排和区域间变化的原则设色，平涂着色，用色大胆，产生了强烈的装饰效果。

学生：芳杏丽

指导老师：陈开科

图 4-3 ▶

这是一幅主观性平面归纳写生的作品，画面构图饱满，采用多点透视的方法来表现物象的结构、形态等关系，大面积的黄绿色和蓝色衬托出小面积的红、橙等暖色，形成了宁静的美。衬布的线条，叶子的花和图案，使物象的色、形表达精致、讲究，大大提升了作品的艺术感染力。

学生：黄艺敏　指导老师：陈开科

◀ 图 4-4

画面整体上对物象丰富的色彩层次予以了提炼，整体大面积冷色调的处理突出了小面积的红色花瓶。在构图上把花和花瓶以及桌子布在中轴线上，背景与地板用虚化处理，突出主题。整幅作品色调统一，色彩协调，呈现出清新、典雅的装饰效果。

学生：黄艺敏　指导老师：陈开科

◀ 图 4-5

在这幅作品中,作者在构图、构形和构色方面强调了主观性,突出了画面的平面化特征。作品整个背景用黑色处理,加上一些白描处理,以局部虚化来突出主体部分。叶子采用优美的线条处理,而花用点来处理,调节并缓和了过于沉闷的气氛。

学生:曾彩萍  指导老师:陈开科

图 4-6 ▶

该作品利用线将已画好的物象做不规则的切割,从而形成画面中各种不同形状的区域,画面营造出冰裂纹的效果,再运用平涂着色。作品色调和谐、淡雅。线条粗细变化有节奏,产生一种时隐时现、时断时续的含蓄的装饰效果。

学生:陈乔楠  指导老师:陈开科

图 4-7 ▶

这是一幅客观性平面归纳写生的作品。画面在构图上没有做太大的变化，但舍弃了三维主体的效果，用透叠法描绘了两个花瓶。在构色上采用限色法，将客观物象丰富的色彩层次予以充分的概括、提炼。画面语言统一，色彩丰富，视觉效果好。

学生：黄佳瑜　指导老师：陈开科

◀ 图 4-8

该作品通过不同形态的陶器按不同的角度组构、透叠，形成丰富多变的构象形的线性关系，交织穿插，构图稳定，并采用平面处理，把重叠部分用不同的颜色透明度做对比以突出画面效果，使用黑线突出造型具有形式美感。

学生：吴炳辉　指导老师：陈开科

图 4-9 ▶

画面取象不多，仅仅表现一盆花卉植物。把花瓶构在一个小角落，而把花瓶中的花取出并夸大地构在左边，占用了大半幅画，使画面构图更饱满，突出主题。作品采用平面化处理，具有较强的装饰性效果。

学生：黄佳瑜　指导老师：陈开科

画面在构图、构形上运用了剪影效果，在构色上，不做单纯的固有色、环境色和条件色的简单模仿，在以客观对象作为变化依据的前提下，加入主观的处理，强化形象的变色。画面采用了限色、换色，强化了从左到右逐渐变暖的色彩变化，以增加画面的装饰效果。

学生：黄晓莉　指导老师：陈开科

◀图 4-10

◀图 4-11

该作品利用线对物象进行不规则的切割，从而形成画面中不同形状的区域。作品不求客观物象微妙色彩的表现，而是通过限色法进行充分的概括、提炼，舍弃由色相、明度、纯度构成的层次丰富的色彩变化。作者只用了 4 种颜色并采用了平铺法，增强了画面的视觉效果。

学生：林佳媚　指导老师：陈开科

图 4-12 ▶

该作品以瓶、罐为题材组合构成画面的主体，并以它们的结构进行了区域划分。作品背景采用大面积的着色，与主体产生对比，衬托出中心部分，画面中的窗运用直线与窗帘、衬布等的弧线、曲线进行一刚一柔的对比，使画面更加完美。

学生：林先鸿　指导老师：陈开科

图 4-13 ▶

在这幅作品中，作者采用了平面性归纳的手法，对客观对象运用平面化的造型方法时，更强调外形特征。将物象展开来处理，减少进深感，使形象舒展、完美。图中在陶瓷、水果和部分衬布的色彩上还保留写实性归纳的分阶法，但在表现上以主观的夸张化强调了物体与物体之间固有色的整体对比。

学生：王琦  指导老师：陈开科

◀ 图 4-14

该作品结构合理、层次清晰，设色依固有色而为之，但加入了部分主观的成分。画面依据明暗分面处理，背景的色块和形状处理与之相一致。作者有意淡化了物象的立体感，强调了具有平面特征的色块构成关系。作品运用白色的轮廓线，使物象与物象、色块与色块之间更为明显，突出了装饰效果。

学生：林春雁  指导老师：陈开科

◀ 图 4-15

该作品的主体只有花瓶和百合花，但在背景的衬托下并不显单调。画面不追求立体空间和个体形象的明暗、冷暖等层次变化。主体物设色舍弃环境色、光源色的变化，仅作固有色的表达。背景用不规则的块面处理，块面与块面之间界限清晰，对比强烈，但形状又显轻松、优美，使得整个画面内容丰富多彩，富有很强的装饰性。

学生：林建福　指导老师：陈开科

图 4-16 ▶

该作品虽用写实手法来表现物象，但运用了平面性归纳，并不追求画面的立体空间，强化了物象的写实性，背景运用了大量的不同粗细的线加上一些点来衬托物象。作者运用点、线、面，使画面轻松，有节奏感，对营造独特的形式、提升画面的意境有着不可忽视的作用。

学生：吴桂斌　指导老师：陈开科

图 4-17 ▶

这幅作品构图的主次、聚散、位置、方向都具有写实绘画的特点，但运用了平面性归纳写生追求平面化和装饰性表达，使画面层次分明、结构清晰。画面基本上是物象固有色，运用大块面平涂以及点、线、面的关系梳理，使画面单纯又富有装饰感。

学生：林河标 指导老师：陈开科

图 4-18 ▼

这幅作品在画面构图时采用的是客观的铺陈，但并不强调进深感。设色上虽然以各个物体的固有色作为依据，却消解了光线照射下明暗虚实的变化，复杂的层次被归纳、简化为平面化的平涂效果。物体周边用黑色处理形成对比，呈现出明快、富有张力的画面效果。

学生：苏巧萍 指导老师：陈开科

◀ 图 4-19

这是一幅主观性平面归纳写生作品。在平面化构形时，要注重展现对象最具特征和视觉效果的角度，利用平视观摩及剪影观察的夸张、变形的手法，对客观物象进行变化。在构色中注入创作或设计的因素，图中背景只用深蓝色铺陈，物象用橙色来做外轮廓，一些结构和图案做简化处理，线条有粗有细，整体有实有虚，使画面轻松、活泼，风格独具。

学生：蔡姚婉　指导老师：陈开科

图 4-21 ▼

作品构图饱满，势向流畅，疏密有序，形成了以线为主的画面构成。瓶、罐与花用线穿插、勾勒，笔法随形大胆而果断，采取了原型平面化、形态分解、块面切割等手法，打破了常规的表达方式。物体运用固有色加入图案来装饰，背景暖灰色的色彩与物象产生对比。整个画面热闹而富有节奏，体现出作者在形式构成、色彩搭配和表现手法上的运用自如。

学生：郑萍凡　指导老师：陈开科

图 4-20 ▲

画面背景用几何体的块面分割，与花瓶外轮廓的弧线形成对比，细小的枝干与小花瓣的点作为整体画面的点缀，使画面刚中带柔、动静结合。

学生：华琳　指导老师：陈开科

◀图 4-22

这是一幅人物归纳写生作品，通过线的勾勒和切分，规定和强化了人物的形体结构，略带变形的处理，增强了人物造型的味道。画面构图饱满，主次分明。色彩整体用暖色，仅用局部的冷色来点缀画面效果，给人一种写实且具有装饰性的效果。

学生：石琳萍　指导老师：陈开科

图 4-23 ▶

作者注重表现方法和色彩关系上的独特效果。作品中物象造型基本上是写实的，但通过叠加方式，在原有造型平铺上通过"线"的排列、叠加，呈现出动荡、虚幻的视觉效果，同时也使画面轻松、生动、活泼，独具风格。

学生：颜晓欢　指导老师：陈开科

图 4-24 ▶

作品中植物被橙色和黑色编织的网状物穿插、叠映，形成了强烈的律动感，色彩对比强烈、丰富，显得有些唐突，但并不零乱，表现出作者力图突破常规的想法。

学生：韩令妍　指导老师：陈开科

◀ 图 4-25

这是一幅客观性平面归纳色彩作品，整体上仍然采用一点透视，强调在构图上的自然有序，同时又强化透视空间，把复杂的立体形态做平面化处理，将层次丰富的色彩做整体提炼。构色上仍是依据固有色进行设色，表现手法上采用平涂，将其平面化，衬布在平涂着色后通过主观添加一些图案来增强装饰效果。

学生：黄梅玲　指导老师：陈开科

◀ 图 4-26

作品在形体上强调了简洁、概括的平面感，大面积的橙、红与蓝色产生了强烈的对比，再加上局部的绿作为点缀，形成了酣畅淋漓的色彩对比效果。色块降低了纯度，通过附加的点和黑线让画面协调而富有装饰性。

学生：石林萍　指导老师：陈开科

图 4-27 ▶

这是一幅客观性平面归纳写生作品。建筑、树枝和天空组成画面的主体。画面采用的蓝、黄、紫冷色搭配既带有神秘感又不缺活力，建筑的沉稳与树枝的灵动形成对比，使画面显得舒适、优雅。体现出作者具有较强的表现力和创造力。

学生：郭艺萍　指导老师：陈开科

◀ 图 4-28

这幅作品在表现上舍弃了客观物象丰富的色彩，采用平铺手法。陶罐上的图案构成与平涂的色块形成虚与实、疏与密的对比，使画面有松有紧、相互衬托。衬布采用直线处理，与以弧形为主的物象形成反差，突出了画面的主体。

学生：方淑华　指导老师：陈开科

图 4-29 ▶

　　这幅作品采用多点透视，并用夸张的手法来表现。陶罐的疏密、大小形成强烈对比。画面色彩柔和，以暖色为主。背景使用粗细、大小不同的曲线、曲面描绘，与物象结合得酣畅淋漓，画面整体可见毕加索风格的再现。

　　　　　　　　　学生：陈小英　指导老师：陈开科

◀ 图 4-30

　　作者在遵循一点透视原理的基础上，对衬布图形的线条进行强调，对物象繁杂的细节进行简化，并根据色彩布局的整体需要，在画面中点缀主观色，以提升画面色彩的对比效果，使形象和主题鲜明。

　　　　　　　　　学生：施苹苹　指导老师：陈开科

图 4-31 ▶

　　这幅作品采用"S"形构图，把物象集中构在轴线上，周边加以点缀，使用平涂手法大块面着色，不求过多的变形和变象。在作品形象写实的构色中，作者添加了主观成分，颜色大胆、夸张，富有装饰性。

　　　　　　　　　学生：林子斌　指导老师：陈开科

从创新、求异的思维方法看，解构性归纳是从一般色彩写生迈向色彩设计或进行色彩造型创新的最有效方法之一。将客观对象进行分解，以及对分解出的元素进行重构的行为本身，即要求画者有自觉、主动和强烈的创造意识。这种方法迫使人们摆脱自然主义，"抛弃"样本，不依赖于"原型"，而是在直观感受和新的思维方式支配下，着力于研究事物的内在结构，了解其美的内在元素，把握局部元素变化对整体的影响，从而激活画者的创意和求新、求异的思维脉络，使画面形式和表现方法呈现多种面貌。

### 1 解构性归纳的概念

"解"：对物象的分解、打散。在分解客观对象时，必须对其形态、结构、局部形状特征等进行细致、深入的分析，然后决定采取什么样的手法进行分解（如骨骼分析、关系分解、原型转化等）。元素的形象性质可以是完全抽象的、纯形态的，也可以是客观原型切割、肢解后的局部或细节及它们的变形或变异。

构图是对分解出的形象元素在画面中的位置经营。由于解构性归纳造型的关键点在对自然对象的变异和抽象方向，而被分解出的形象元素已远离自然形象的本质，故画面上形象元素完全可强调人为秩序，构图方法也更为自由。在画面形式建构中，应遵循均衡、重复、渐次、节奏、韵律、对比、调和等形式原理，以取得完美的视觉效果。

### 2 解构性归纳的特点

（1）要通过对象的表层，深入其内部寻求本质的存在方式。不仅要打破以自然形态为基准的平面化造型和"整形变化"的手法，更要着力于追求变形基点上的主观"变异"，其造型的关键体现在对客观形态的抽象方面。

（2）面对客观对象的充满感情和创作激情的写生过程，必须以客观对象作为变化的依据，要受观察、理解的制约和情感、观念的诱导。在观察和表现时，必须驱使画面朝着画者的直观感受和理性分析，以及某些创作理念、设计要求来经营。画者需要从构图、形态和色彩等方面进行选择、提炼、简化、切出、分解，重新梳理和建构画面秩序。

### 3 解构性归纳的表现方法

（1）切割：将画面依物体的形态和明暗有意切割成一块块，切割方式有两种：一是以画面构成来切割；二是以动线来切割。

（2）添加：为了完善形象，画面经过提炼和夸张后，添加适量的装饰，使画面疏密有序，以求形式美感。

（3）错接：将物象形态位置错开，衔接或相互渗透，以消除单个形象之间的界限。

（4）透叠：画面的形象与形象重叠在一起时，可采取透叠法，此法既可保证每个形象的完整性，又可以增添画面的趣味性。

另外，在解构性归纳的设色中，主观设色的倾向更为突出，手法也变得相对自由，它可以通过增、减、改、变等手法将客观形象的色彩完全变为画面需要的色彩。构色时，可考虑采取限色法，或强化画面的色调，或用点缀色，来主观地经营画面。

## 4 作品欣赏

◀图 5-1

这幅作品通过对花瓶进行切割，将画的结构肢解、打散，再按对称式的结构秩序进行组合，并添加了一些元素，从而创造出新的画面形状。

学生：张莉萍　指导老师：陈开科

图 5-2 ▶

作者通过对陶瓷进行切割、分解，把被分解出来的单体形象元素以新的形式进行组合，构图时运用均衡、重复、节奏、对比、调和等原理来进行画面形状的建构。

学生：黄婷婷　指导老师：陈开科

图 5-3 ▶

这幅解构性构图作品更趋于主观意志。作品利用移位、倒置的方法，在画面中添加一些粗细、长短不同的线进行组合，使作品表现出丰富的视觉样式。

学生：陈乔楠　指导老师：陈开科

图 5-4 ▲

画面中两个花瓶被切割，瓶口部分已切割成碎片，进行移位后散落在画面各个位置，而瓶底部分保持原状并没有移位，上下两部分形成强烈的对比。设色上根据画面需要主观地设置了颜色，又加上了一些图案，使画面主体突出，富有装饰性。

学生：苏小玲　指导老师：陈开科

图 5-5 ▶

作者依事物的本质特征，通过提炼、归纳、取舍，逐渐改变自然形象色彩的客观状态，以形成人为的色彩关系。通过增、减、改、变等手法将客观形象的色彩变为画面需要的装饰色彩。

学生：蔡君怡　指导老师：陈开科

◀ 图 5-6

从这幅作品中可以看出，在解构性色彩归纳写生中，主观性和自由性更为突出，在形象、色彩、构图方面，作品突破了自然形象本身的束缚，大胆对原型进行了加工。

学生：蔡雷飞　指导老师：陈开科

图 5-7 ▶

作者对原型进行了切割、提炼、变形、变异，通过增、减、改、变等手法和点、线、面对比的运用，取得了形神兼备、新颖独特的艺术形象。

学生：洪玮卿　指导老师：陈开科

◀ 图 5-8

作品对形象分解得较为彻底，形象被概括为平面化的几何元素，但这些长方形、正方形、三角形、梯形等并非杜撰，可以一目了然地看出分解之前的原形，画面通过直线、曲线的切分，形成不同的形状、面积、色相、肌理的对比，呈现出良好的视觉效果。

学生：蓝晟　指导老师：陈开科

◀图 5-9

这幅作品中看不出明显的自然形象，完全是一幅抽象画。然这样的抽象构成并不是主观臆造，而是有出处、有依据的，它是作者对自然形态的一种主观意象的表达。图中点、线、面结合，亦有康定斯基的画面风格。

学生：郑丽鸿

指导老师：陈开科

◀图 5-10

这幅作品对人物风景的分解大胆运用了夸张、变形的手法。透视夸张的手臂、拉长的眼珠子加之其他一些景物形成了抽象化的元素，再将这些形状、色彩各异的色块进行组织。画面中，线条、块面都跳跃般地呈现，黑、白、橙、红、蓝、黄等色彩的对比，制造出热闹的画面气氛。

学生：郑丽鸿

指导老师：陈开科

◀图 5-11

学生：庄桂峰　指导老师：陈开科

◀图 5-12

学生：庄桂峰　指导老师：陈开科

这两幅是构图饱满的作品，但造型不是自然物象的写实性表现，而是将形象平面化、符号化、夸张化、抽象化，呈现出现代构成艺术的意味。色彩依主观意象而设色，以红、橙等暖色为主，加之蓝、绿、黑、紫等色产生强烈对比，画面给人宏大而神秘之感。

图 5-13 ▶

该作品是以瓶、罐、花、杯子等静物为主，通过对位、切割、移位、对接等手法对形象进行布局、安排。色彩表现上强调平涂填色，也运用了皱、擦、点等技法。画面让人感受到作者创作思维的轻松、自由和澎湃。

学生：董静媚 指导老师：陈开科

图 5-14 ▲

这幅作品对笔、墨、纸、砚、尺子、圆规等文具进行了打散和重构，通过点、线、面不同肌理效果的对比，使画面语言丰富多样，整体中不缺乏变化，变化中又归于统一。

学生：郭随昌 指导老师：陈开科

图 5-15 ▼

对于好的作品进行借鉴、消化也是学习的一种有效方式。这幅作品的独创之处是构图有向外发射之势，用色对比强烈，形状语言更为丰富，使画面表现方式更为丰富耐看，同时，也达到了学以致用的目的。

学生：黄莹 指导老师：陈开科

图 5-16 ▶

作者在原型上将自然形态由整体向异形逐步转化、分解,提炼出所需的形象元素,把自然形态向抽象转化。再将形象元素进行分解、打散,重新组构,创造出新的形象。在构色上采用主观设色,并运用了限色法。此画面比较典型,是设计性很强的作品。

学生:施迪娜 指导老师:陈开科

◀图 5-17

这幅作品对建筑进行了切割分解,以对称式重新构图。主体设色倾向突出,手法自由,并采取限色法,强化了画面的色调。

学生:汪心兰 指导老师:陈开科

图 5-18 ▶

一般而言,绘画构图通常强调利用和控制画面的左右、上下来取得画面平衡。这幅作品就是用这种形式把鸡分解、并构在四个角落,而中心部分只布了虫和一棵植物。在构色上用平涂法,加上一些装饰的线,强化了对比,增加了画面的丰富性。

学生:吴梦佳

指导老师:陈开科

◀ 图 5-19

作者对形态、结构、局部形状特征进行了细致、深入的分析，很好地对物象进行了分解。在画面形式构建中，取得了较完美的视觉效果。不难看出这幅作品参考了毕加索的《三个舞蹈者》，但能学以致用，也是一种很好的学习方法。画面中点、线、面的运用非常到位，构成感、设计感十足。

学生：周杏媛　指导老师：陈开科

▲ 图 5-20

学生：陈鲜红　指导老师：陈开科

▲ 图 5-21

学生：曹佳敏　指导老师：陈开科

解构性归纳写生的本质在于打破物象原有的意义，将其结构肢解、打散，再按新的结构秩序进行组合，从而创造出新的画面形式。这两幅作品就是运用这一方法把分解出的元素按黑线上的秩序重新组合，呈现出一幅新的画面。

◀ 图 5-22

图中将瓶、罐、西瓜、苹果和橙等进行打散、切割、移位等形式的分解，分解出来的元素被散点式地安排在画面上。色彩的设置基本上采取主观设色，并且运用了限色法。

学生：黄文靖　指导老师：陈开科

图 5-23 ▶

通过将物象打散、分解，并采用切割、错接、移位、叠加等手法，将形象元素满构于画面中，表现上强调平涂填色，还细致地描绘出纹饰和图案，整体上又形成不同面积、形状、位置、肌理等的对比关系，产生出新的画面效果。

学生：戴润泽　指导老师：陈开科

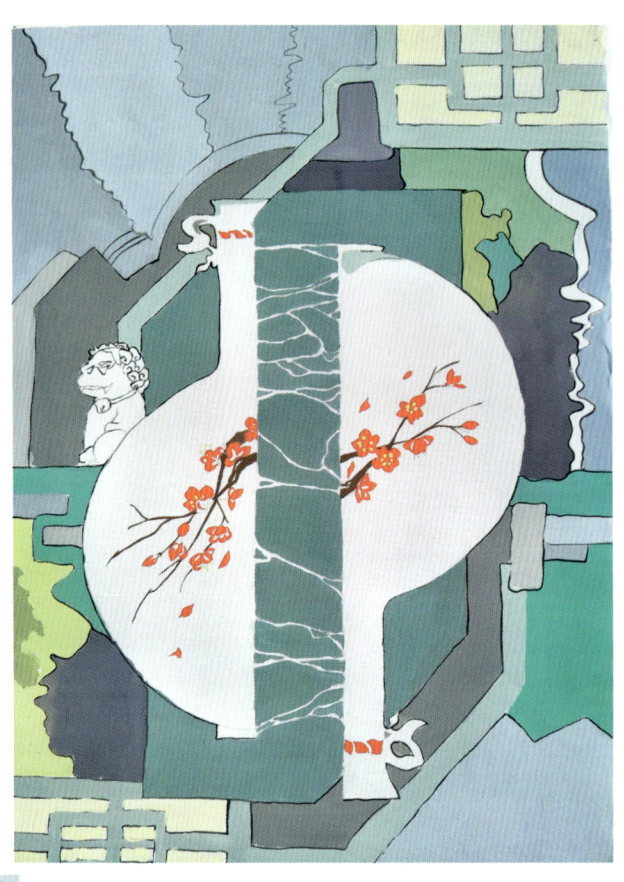

◤ 图 5-24

画面主要对瓷器、梅花、窗花等中国传统元素进行分解，图中把对半切割的白瓷放在画面中心两边，用冰裂纹产生的牵丝连接起来，产生了一种新的画面效果。作者借助中国元素等来暗示某种象征性的意义，从而创作出与一般归纳写生不同的作品。

学生：方淑华  指导老师：陈开科

◀ 图 5-25

作品选取风景画作为素材，用天空、山、草、土地的色块铺垫，很好地衬托出剪影效果不同的树。把草和太阳作为图案来处理，对整个画面起到装饰作用。

学生：方淑华  指导老师：陈开科

◀图 5-26

　　这是一幅以静物为主体，通过解构性归纳手法创作的作品。作品形象巧妙穿插、搭配、互衬，大面积的红、橙、蓝等色块产生强烈的对比，形成了强烈的装饰效果。

　　　　　　　　　　学生：薛璟　指导老师：陈开科

▲图 5-27

学生：姜莹　指导老师：陈开科

▲图 5-28

学生：陈睿雅　指导老师：陈开科

　　这两幅作品的共同点是静物形象被提取、分辨，形成了由花、瓶、罐等组成的元素，再将这些元素拼接、排列在已设定的大小、形状不同的方格当中，产生了构图简洁、格调清新的装饰效果。

图 5-29 ▶

这幅作品把花、草、树等分解出来的风景以饱满的构图方式放置在蓝色背景上。但造型不是自然景物的写实表现，而是将形象平面化、符号化和抽象化，呈现出一种新的意味。色彩依主观意象而铺陈，使画面有强烈的视觉效果。

学生：薛璟　指导老师：陈开科

图 5-30 ▼

这幅作品对机械表进行了拆解和重构。作品为三联画，画中用机械表的各个零部件的形象作为创作元素。作品最经典的是这些主观颜色的搭配，把红、橙、黄、蓝、绿、青、紫各种颜色合理地运用在画面中，色彩鲜明而又和谐，具有装饰性。可见作者非常擅长色彩搭配。

学生：庄棋芬　指导老师：陈开科

色彩归纳写生

# 设计性归纳

设计性归纳课题训练，可拟定某种工艺材料的要求和特征来作为写生造型的先决条件，然后有针对性地对构图、形态、色彩、质感以及形式构成进行合乎其材料工艺特性的造型研究。这种归纳训练可使学生逐步了解绘画造型与艺术设计的相互关系，在绘画造型与艺术设计之间建立起一座桥梁。

## 1 设计性归纳的概念

设计性归纳是指在色彩写生中，预先设定一个设计对象，然后依照这一对象的功能即材料工艺等方面的要求，进行有针对性的写生造型训练。一般而言，归纳写生的作品可以构成独幅绘画，但谈及与设计的关系，归纳写生所研究的装饰造型，则更多依附于其物品或环境艺术而存在。

艺术创作的形和色是主观的，即不为客观因素所限制，设计色彩也是主观的，但与纯绘画色彩的主观性有很大的差异，它要受到材料工艺的限制，要受到实用功能等客观因素的检验。因此，设计性归纳写生是根据设计对象的工艺材料的要求，依照客观物象的感受而进行的一种受限制的造型行为。

## 2 设计性归纳的特点

（1）构图的规定性。

① 构图要受到装饰对象的位置、大小、宽窄、平面、立体等因素制约，即在固定的画幅、外框或形状限制下进行创作，以使其画面构图能充分适应物象主体的基本要求。例如，器皿类的构图，必须充分考虑装饰图形附着在物体表层所呈现出的立体视觉效果，既要突出器物立体的形象，又要使装饰图形的造型、形式与器物的形式风格相对应，使装饰图形与器物形体融为一体、相映生辉。在这方面，传统的瓦当、彩陶、漆器、青铜器等物表层的装饰构图，为我们留下了许多经典样式。

② 构图要考虑材料工艺对形象布局的制约性，即要求在设计装饰图样时，必须强化构图的适合性。在一定的空间范围内经营形象和色彩的关系。

（2）构形的适合性。

色彩归纳写生的形态之所以多以简洁概括、秩序化和平面化为特征，其重要原因就是为适应某种材料的工艺。因此，在进行设计性归纳写生之前，应该对装饰对象的材料工艺有一定的了解，这是保证设计性归纳有效地在形、色、质及构成形式上契合装饰要求的基本前提。

（3）构色的适合性。

在构色时，要尽可能地了解对象的材料和工艺特性，做到有针对性。例如，蜡染、扎染，陶瓷中的青花釉里红等，形态上强调平面化或影绘、剪影，设色时不宜用纯度高、变化丰富的色彩，可突出其简洁、单纯的特性；而织物壁挂、刺绣、印花织花、镶嵌、釉上彩等，可根据要求，采用丰富、饱和的色彩。

## 3 设计性归纳的表现方法

（1）构图方法。

一般而言，工艺性较强的材料不易表现出画面的三维空间和形态的立体效果，因此在构图时要尽量避免形与形之间的互相遮挡、重叠，减少透视进深，强调散点式、平铺式的布局。

（2）构形方法。

由于材料工艺的局限性，在构形上多以简洁、概括、秩序化和平面化造型为原则，舍弃物象立体感和虚实关系，同时采取夸张、变形的手法，强化线造型，使形象表达概括而明确，以契合材料工艺的要求。

（3）构色方法。

① 限色法：限色既能有效适应材料工艺的要求，又能充分发挥色彩的效果。例如，蓝印花布是限制用色的极致，蓝白二色可表现出特别的艺术效果。

② 换色法：换色是产品色彩设计中常用的办法，目的在于增加"花色"。例如，通过变换底色或变换图色，或是改变几块局部色彩，或是变换整个画面的色调，就能获得不同的画面效果。

## 4 作品欣赏

◀图 6-1

在归纳写生中，既要表现出对自然物象的独特感受及其所转化的造型形式，又要使这种形式有效地契合材料工艺的要求，真正形成造型与工艺材料的完美结合。该作品对形象的平面化经营以及限色的处理，也适用于漆画、编织画、玻璃画等的工艺要求。

学生：陈琳　指导老师：陈开科

图 6-2 ▶

该作品将复杂的物象色彩概括、提炼为单纯的整色块，依靠色块与色块之间的对比来取得画面的效果。并采取限色法进行色彩表现。

学生：周婷婷　指导老师：陈开科

图 6-3 ▼

设计性归纳写生毕竟不是真正的艺术设计，其主要的特征是直面客观对象，强调对象的直觉、感受，以及对象引发的理想和情感。作品以静物瓶罐等物象为主体，使用中国传统的窗花作为背景来衬托。整个画面设计性强，装饰效果好。

学生：范小叶　指导老师：陈开科

◀ 图 6-4

在主观感受和设计意识的驱使下，密集的长条形有马赛克效果的纹样，衬托了变了形的物象。作品很好地体现出壁挂、马赛克镶嵌画等的工艺特征，既有效地传达出简洁的造型风格，又凸显出材质的美感。

学生：范小叶　指导老师：陈开科

图 6-5 ▶

此作品是以漆画中的戗金工艺的技法设计的。作者选用大漆中的红黑经典色作为背景，并用金色线条以描绘的方式将各种物体归纳、提炼，使之平面化，再将这些形象布置于画中。

学生：范小叶　指导老师：陈开科

◀ 图 6-6

作者把所学的色彩归纳技巧运用于室内空间中，画面体现了画室的一角。作者运用了夸张、变形的手法把静物桌反透视，将吊顶处理为圆形。采用平涂手法大块面着色，形成了一幅艺术效果较强的画面。

学生：孙波　指导老师：陈开科

◀图 6-7

该作品在限定的范围内进行构图,将花、陶罐、衬布等构于画面中心位置,色彩在尊重客观物象的前提下做限色处理,以大色块的面积平铺,表现出清新的画面意境。

学生:余林 指导老师:陈开科

图 6-8 ▼

在设计中,面对具体的材料工艺应考虑不同的表现形式。本作品中,散点式的构图,平面化的造型,概括的色块处理,达到了印染的工艺要求。

学生:黄婷婷 指导老师:陈开科

◀图 6-9

背景中白、黄色块的铺垫,很好地衬托了密集布阵的用不同线条、面积、势向构成的黑色形象,表达出与版画和印染工艺相接近的效果。

学生:吴炳辉 指导老师:陈开科

设计性归纳 | 53

◀图 6-10

这是一幅由几个陶罐、一把倒置的伞以及伞在水面上的倒影为主体组织成的画面。作品中，陶罐中长出嫩芽，体现出作者的创意。这幅作品呈现出招贴广告的效果。

学生：陈进宏　指导老师：陈开科

图 6-11 ▶

作品采用点、线、面相结合的方法，再用平涂手法做限色处理，使主体突出。这幅作品也是针对广告招贴的特点来构思的。

学生：曾彩萍　指导老师：陈开科

◀图 6-12

该作品在构图中多种手法共用，趋于主观意志，自由利用重叠、透叠，用粗细不同的线来表现物象的轮廓。采用平涂手法，限色处理画面。反映出作者成熟的构思以及对画面形式、工艺的完美把控。

学生：吴炳辉　指导老师：陈开科

◀ 图 6-13

精心的画面部局，形与色彩的经营不仅是作者意象化的表达，也表现了画面的意图。但画面的内容选择若能更为统一、缜密，就更能突出中心主题。

学生：姚秋智　指导老师：陈开科

图 6-14 ▶

作者舍弃了客观对象的斑斓色彩，先入为主地选用了黑色背景，并用平涂的方式将各种物体归纳、提炼，使之平面化，再将这些形象布置于画中，采用限色法，呈现出广告招贴的效果。

学生：章陈容　指导老师：陈开科

◀ 图 6-15

在进行设计性归纳写生时，一方面要考虑绘画造型的自我主张，另一方面要使所表现的形式适合其所用的工艺材料。作者采用散点式的铺陈，在限定的色块内平涂，对色彩进行提炼、概括。

学生：杨芳芳　指导老师：陈开科

◀ 图 6-16

　　作者采用了彼得·索尔《经典西贡》里的人物特征，创造出主题突出的一幅画面，对于人物、双脚以及飘带都采取了夸张的手法。用分阶法来处理飘带，而将其他的物象提炼为单纯的整色块。在表现手法上，采用平涂和线面结合的方法。作品表现力强、主题突出。

　　　　　　　　学生：蔡雅婉　指导老师：陈开科

图 6-17 ▶

　　作品将主题物象构于中心线上，突出主题。用大色块以平涂的表现手法加以体现。针对不同的陶罐，用不同的线画出不同的纹样和图案，起到装饰的效果。

　　　学生：石林萍　指导老师：陈开科

◀ 图 6-18

　　人物、云纹、太阳、植物等物象满满铺陈于画面中，点、线、面的悉心经营和不同纹样的细致描画，增加了画面的丰富感。作者对色彩运用自如，整个画面和谐统一，体现出作者良好的造型能力和色彩修养。

　　　　　　　　学生：庄桂芬　指导老师：陈开科

▲图 6-19

▲图 6-20

两幅作品以饱满的构图，平面化的人物、动物等形象处理，加上不同色块对比，以及点、线、面的经营，使画面明快、鲜亮，呈现出热烈、活泼的气氛，反映出作者成熟的构思和造型能力。

学生：蔡雅婉　指导老师：陈开科

◀图 6-21

将繁杂的客观物象转化为简洁的、平面化的形态，不仅是在写生造型中实现装饰性特征的重要方法，也是实现设计和创作意图的重要手段。作品通过沥线的方法将物象分解，再用平涂手法做所需的颜色，形成了鲜明的装饰绘画效果。

学生：郑丽鸿　指导老师：陈开科

◀图 6-22

作品由书、火、纸片等画面形象组成,作者把纸片进行分解重构,将形象元素化,重新构在画面当中。在表现上采用分阶法和限色法。作品简洁、单纯,但主体突出。

学生:赖马玲 指导老师:陈开科

图 6-23 ▼

这是一幅将不同的花布打散、分解后再重新结合的作品。画面中,不同色彩图案的花布被精心布置,形成一幅新的画面。作品的意匠和形式明显是以满足面料工艺特点来考虑的。

学生:林伟伟 指导老师:陈开科

◀图 6-24

这幅作品是限定在一个产品的轮廓内进行创作的。运用脸谱的元素进行有效的构图，强调了具有平面特征的色块平涂铺色。该作品装饰性、特征性较强，表达出与陶瓷和产品包装工艺相接近的效果。

学生：黄文靖　指导老师：陈开科

图 6-25 ▶

作品将客观物象转化为简洁、平面化的形态，是实现具有装饰性特征的重要方法，突出设计与创作意图的重要手段。高温陶瓷画、玻璃画等不擅长表现立体感、空间感和变化微妙的层次，却擅长表现简洁、概括的平面化形象。此作品符合此工艺特点，也契合马赛克的材料工艺特性。

学生：李斌　指导老师：陈开科